Bibliografische Informationen der Deutschen
Nationalbibliothek: Die Deutsche Nationalbibliothek
verzeichnet diese Publikation in der Deutschen
Nationalbibliografie; detaillierte bibliografische Daten
sind im Internet unter www.dnb.de abrufbar.

© 2014 Gregor Graf

Herstellung und Verlag:
BoD – Books on Demand, Norderstedt BRD
ISBN 978-3-7322-8798-7

Jan Hubertus

*Ein Mönch
ermunterte ihn
zu malen,
nicht Blumen,
nur ihren Duft.*

Gregor Graf, geboren 1935 in Bern. Brotberuf bis zur Pensionierung – Chemiker. Leidenschaft seit 40 Jahren - Papier schöpfen und Buchbinden. Dazwischen immer wieder glückliche Anfälle von Schreiblust. Lebt im deutsch- und französischsprachigen Biel/Bienne in der Schweiz.

gregor graf
fünfzig gedichte

aus dem garten der poesie

6

i

ich bin
werde
wasser
erde
vergehn
verwehn

schattierungen

kornblumen
lavendel
und
veilchen

madonnen
gauloises
und
chagall

blau

pb

pappeln
babbeln
immer
dazwischen

was wenn

ich nicht mehr
gehen kann
sehen kann
hören kann

wenn ich
den wind nicht mehr spüre
die sonne nicht mehr fühle

dann träume ich
den ganzen tag und
die ganze nacht

vom wind der säuselt
von der sonne die wärmt
von bienen die summen
vom kirschbaum der blüht

und ich träum
hinüber in
die andere zeit

w

wenn schimmel
schimmeln

1000

tausend worte
im Garten
der poesie

verkümmert
vertrocknet
vergessen

eine Grille
nein zwei
zirpen

doch

doch doch
doch doch doch
och

manchmal

manchmal auch
manchmal auch nicht
manchmal doch wieder
manchmal auch wieder nicht
oder doch
oder doch nicht
oder

o

ob
ober
zahlen

es *ist so*

ist es so
so ist es
so so so

wer singt da

singt da wer
da singt wer
falsch

halt

halt mich
halt mich fest
halt mich ganz fest
halt

orgelpfeifen

stramm stehen sie
nach grösse
auf und
ab steigend

flöten können sie
zum herzerweichen
und brausen wie ein
gewittersturm
trompeten schalmeien

vergilbt das foto
auf der orgelbank
sitzt er nach
vorn gebeugt
zittrig suchen hände
und füsse
den ton

wo

wozu
womit

wohin
wofür

sags

sags
sags nicht
sags niemand
sags nur mir

wie schön

wie schön es heute regnet
schön wie es heute regnet
heute regnet es wie schön
wie schön morgen regnet es
wie schön übermorgen regnet es auch
wie schön überübermorgen regnet es
auch

langsam

langsamer
noch langsamer
aber nicht so langsam
schneller
noch schneller
aber nicht soo schnell
langsamer

heute

es ist mein tag
es ist dein tag
es ist unser tag
den ganzen tag

zu viel

zu wenig
zunächst
zufrieden

so

so so
so so die
so so die auch
ach so

a

ansichten
sichten
schöne aussichten
mit nichten

da

dazwischen
wischen
donnerwetter

atmen

in
einem
wort
haust ein
kobold
will
atmen

mal

mal ja
mal nein
mal ja
mal nein
mal ja
mal
vielleicht

liebe

ich liebe
ich liebe dich
ich liebe dich oft
ich liebe dich auch oft
ich liebe dich oft auch nicht

waschtag

die geschichte
schon im
wäschekorb
bügelfeucht
nach sonne
duftend

aber da
flattern noch
zwei
worte
an der
wäscheleine

die fadenlänge

lang und
doch zu
kurz
bunt schillernd
verschlungen
verwebt
verknotet
honky tonk
windjammer
samba
jäh abgerissen
dein faden
tief
in der schlucht
mit zwei
projektilen
in der brust

tropf

es tropft
es tropft noch
es tropft immer noch
es tropft noch immer
armer tropf

du

du singst
du schreibst
du träumst

du liest
du lachst
du schläfst

du trödelst
du trauerst
du liebst

du bist
du

er

tanzt
säuselt
webt

klappert
flüstert
jammert

wirbelt
atmet
singt

schmeichelt
braust
peitscht

heult
flötet
tötet

kommt
verweht
der wind

jetzt

das leben
lieben

die liebe
leben

liebe

stunden
zwischen
dir und mir
und doch
so nah

h

halt
halt an
halt halt
halt doch an
halt doch
durch
bis morgen

nachtblau

vom kirchturm
fällt mondsilber

tänzelt über
den see

zu den tautropfen
im moos

eisenbahnfahren

16:19 hält

16:25 hält

16:27 halt auf verlangen
       kein verlangen
       hält nicht

16:31 kein verlangen
       hält trotzdem

16:33 jetzt verlangen
       hält nicht
       weil
       verlangen
       nicht kundgetan

16:37 jetzt verlangen
       sehr gross
       hält

jetzt

jetzt nicht
gerade jetzt nicht

aber jetzt

sinnend

bäume und büsche
am wegrand
laub und kiesel
unter den füssen
gedankenverloren
in grauen träumen
schritt für schritt
nach
hause

mutters armband

ferner luftzug
weht
ins jetzt

goldne fäden
zu breitem band
verwoben

flüchtiger
dunkelblauer duft
soir de paris

vor dem spiegel

da schau ich
runter an den
jahrringen
meiner
jahre

leicht
gebeugt
verwittert
vom langen
leben

drei
narben
auf dem
blassen
bauch

ich schau
nicht mehr
hin
trink lieber
ein bier

1000

tausend worte
tausend gedanken
flügeln wie
schmetterlinge

nein

sie sirren wie ein
mückenschwarm
in meinem
mückenhirn

brot backen

der bäcker von s
liebt die marie von
krauchwies

warum gehen sie fort
warum gerade nach z

da backen sie brot
viel brot
mit zehn gehilfen

in der warmen
backstube singt
der bäcker
wie
immer

jäh bricht ab
sein Lied
verweht
lässt zurück
duft nach
frischem brot
die witwe und
drei kinder

der bäcker von s

kommst du mit mir

kommst du
mit mir
ruft das kind
auf die rote brücke

oben eisenbahn
unten eilige
angestellte
spaziergänger
fuhrwerke
ab und zu
ein auto

sie kommt
sie kommt
fauchend
dampfend
rauchend
die brücke erzittert
wo bist du

nur einmal
noch den
nebel

die brücke ist
nicht mehr
der fluss fliesst

tee

ein ereignis
kommt mir in
den sinn

festlich die tafel
fröhliches lachen
feinstes porzellan
und silber

das schälchen
mit sieb hat
zwei Ohren
links und rechts

die gäste
sind
nicht
mehr

bleib

bleib
dran
damit
was
wird
kommt
noch
was
dazu

alberto

vom
wortklumpen
klaub ich
wort um wort
er zieht sich
zusammen
wird dünn
und dünner
fadendünn

zurück bleibt

was

was wäre
was wäre wenn
was wäre wenn wir
was wäre wenn wir uns
was wäre wenn wir uns was wünschen
würden
warum würden wir uns was wünschen
warum wohl

gefunden

herbststurm fegt
letzte worte über
den platz

eine leicht
bekleidete frau
eilt fröstelnd
hebt
sein wort
auf

anfänge

7	ich bin
8	kornblumen / lavendel
9	pappeln / babbeln
10	was wenn / ich nicht mehr
11	wenn schimmel
12	tauend worte / im Garten
13	doch doch
14	manchmal auch
15	ob / ober
16	ist es so
17	singt da wer
18	halt mich
19	stramm stehen sie
20	wozu / womit
21	sags / sags nicht
22	wie schön es heute regnet
23	langsamer
24	es ist mein tag
25	zu wenig
26	so so
27	ansichten
28	dazwischen
29	in / einem / wort
30	mal ja
31	ich liebe
32	die geschichte
33	lang und / doch zu / kurz
34	es tropft

35	du singst
36	tanzt / säuselt
37	das leben / lieben
38	stunden / zwischen
39	halt / halt an
40	vom Kirchturm
41	16:19 hält
42	jetzt nicht
43	bäume und büsche
44	ferner luftzug
45	da schau ich
46	tausend worte
47	der bäcker von s
48	kommst du / mit mir
49	ein ereignis
50	bleib / dran
51	vom / wortklumpen
52	was wäre
53	herbststurm fegt